美しくなりたい あなたへ

バーバラ・エナンデル＊著
藤澤和子＊文・監修
寺尾三郎＊訳

写真＊ピーア・ウリーン
イラストレーション＊ティッパン・ノデーン

埼玉福祉会

Din Skönhetsbok
Copyright ©1999 by Barbara Enander, LL-förlaget, Pia Ulin och Tippan Nordén.
Originally published by LL-förlaget.
Japanese translation rights arranged with Barbara Enander
through Japan UNI Agency, Inc.
Photography rights arranged with Pia Ulin
through Japan UNI Agency, Inc.
Illustration rights arranged with Tippan Nordén
through Japan UNI Agency, Inc.

BARBARA ENANDER

Din
skönhetsbok

Foto Pia Ulin

Teckningar Tippan Nordén

もくじ

自分を 大切に　7

からだを 清潔に　13

顔を 美しく　21

お化粧を する前に　29

髪の毛を かっこよく　37

あなたの好きな お化粧を　55

手を きれいに　71

足を 健康に　77

からだによい 運動と食べもの　83

あなたの スケジュール　97

文・監修者あとがき　104

自分を 大切に

昔は、どのような女性が 美人なのかという
きまりが ありました。
今は、きまりは ありません。
鼻が低くて、前歯に すきまがあり、
少し ぽっちゃりしていても
美人と いわれます。

世界で あなたは ひとりだけ

自分を鏡に うつしてみましょう。
ほほえんでいる あなたの姿が 見えます。
世界中で、あなたは ひとりしかいません。
それは すてきなことだと 思いませんか。

そのままの あなた

自分の顔やからだに 満足している人は、ほとんどいません。
雑誌で見かける 細くて美しい女性たちも、顔やからだのどこかを
かえたいと思っています。

友だちに あなたのすてきなところを
見つけてもらいましょう。
あなたの目は、大きくて かがやいていますか？
長いまつ毛や かわいらしい口ですか？
笑うと、ほっぺたに えくぼが できますか？
ウエストが細くて、まるいおしりですか？

みんな どこかに、自分のすきなところが
あるでしょう。
あなたも そうでしょう。
自分の姿が すてきだと 感じましょう。

自分を すきになる

誰かを すきになれば、
その人を かわいくて すてきだと 感じます。
家族や友だちは、あなたを かわいくて
すてきだと 感じています。
背が低いとか 高いとか、
やせているとか 太っているとかは
関係ありません。

あなたは あなたです。
みんなは そのままのあなたが すきなのです。
あなたも そのままのみんなを
すきになりましょう。

からだを 清潔に

男の子は 清潔で よい香りのする女の子が すきです。

かわいいということよりも、清潔なことが だいじです。

私たちは 清潔で よい香りのする人のそばに

いるのが すきです。

あなたも からだを 清潔にしましょう。

からだを清潔にするために 必要なもの

ボディブラシ

せっけんとボディソープ

洗いたてのバスタオルと下着

ボディクリームとボディローション

デオドラント

脱毛クリームとカミソリ

香水とオーデコロン

冷たいシャワー

ボディブラシ

柄の長いブラシを えらびましょう。

背中のどこにでも ブラシが とどきます。

からだを ごしごし洗うときは、

少し肌を刺すくらいの

かたいブラシのほうが いいです。

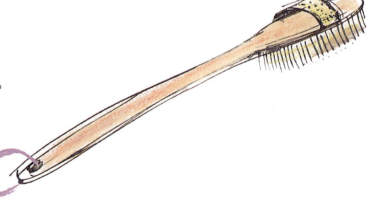

せっけんとボディソープ

からだを洗うとき、
せっけんやボディソープを 使います。
よい匂いがするものと 匂いがしないものが
あります。

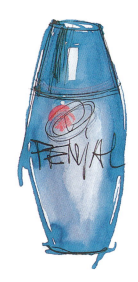

洗いたてのバスタオルと下着

おふろあがりは、柔らかいバスタオルや バスローブを
身につけると、気持ちがいいです。
毎日 洗いたてのタオルを 使いましょう。
洗いたての下着を 身につけましょう。

ボディクリームとボディローション

肌は かさかさに 荒れてしまうことが あります。
肌に水分が たりなくなるからです。
水分を たくさん含んだボディクリームが
すべすべした肌に もどしてくれます。

いろいろな種類のクリームが あります。
からだだけに使うものと、顔とからだの両方に
使えるものが あります。
香りのするものと、しないものが あります。

ボディローションは
ボディクリームにくらべて、
水分が多くて さらっとしています。

デオドラント

汗をかくのは 自然なことです。
でも、汗が下着や服に しみてくると
いやな臭いが してきます。

あなたが たくさん汗を かくようでしたら、
汗をおさえて 汗の臭いを消す デオドラントが
必要です。
あなたが あまり汗を かかないのでしたら、
体臭を消す デオドラントを おすすめします。
おふろあがりに、ボディローションと
いっしょに使いましょう。

脱毛クリームとカミソリ

袖なしの服を 着るときに見える わきの下の毛や、
脚に かたくのびた毛は むだ毛といいます。
むだ毛があると きたなく見えます。

取りのぞくための 専用の脱毛クリームが あります。
ひげそり用カミソリで、毛をそってしまうことも できます。

香水とオーデコロン

よい香りは ぜいたくさを 感じさせてくれます。
香水は いちばん強く香ります。
パーティーへ行くときに、2、3滴つけます。
香りが弱いものには オーデコロンが あります。

冷たいシャワー

おふろからあがる前に、
冷たい水のシャワーを あびましょう。
はりのある じょうぶな肌に なります。

顔を 美しく

あかちゃんは 柔らかくて、すべすべした肌を しています。

でも、あなたが十代になると、肌が かわります。

顔や背中に ニキビが できます。

ほほや ひたいが乾いて ざらざらします。

顔を洗った後は、肌が つっぱります。

あなたの顔には、洗顔せっけんや乳液

栄養クリームが 必要です。

顔をきれいにするために 必要なもの

洗顔せっけん

乳液

栄養クリーム

リップクリーム

洗顔せっけん

洗顔せっけんは 固形や、クリーム、ゼリー状のものが あります。
洗顔せっけんで 泡をたてて マッサージするように 洗います。

乳液

乳液は 肌にうるおいを与えて しっとりさせます。
ニキビができやすく、脂っぽい肌の人は、脂分の少ない乳液を 使いましょう。
肌が乾燥しやすい人は、脂分をおぎなう乳液を 使うといいでしょう。
強い太陽の光から 肌をまもる乳液も あります。

栄養クリーム

あなたの肌が とても乾燥して かさかさしたら、
栄養クリームを 使いましょう。
指先にクリームをとり、顔全体をマッサージするように

ぬりましょう。
肌荒れや乾燥を なおしてくれます。

リップクリーム

リップクリームは 唇の乾きを ふせぎます。

肌の手入れ

朝と夜に2、3分間、肌の手入れをするだけで、肌は きれいになっていきます。
肌が きれいになるのは、たのしくて 気分のいいことです。

脂っぽい肌やニキビ

脂っぽい肌は ひかります。

とくに ひたいや鼻、あごがめだちます。

脂分が おちる洗顔せっけんで、朝晩しっかり 汚れを おとしましょう。

あなたが ニキビで困っていたら、ニキビをなおすクリームを
使うといいでしょう。

手で顔にふれる前に、いつも 手を洗いましょう。

ニキビは 汚れた手で さわっては いけません。

敏感な肌

あなたの肌が 赤くなったり、
ほてったり、かゆくなったりしたら、
香料が入っていないクリームを
えらびましょう。
大さじ2杯の水と牛乳を まぜたものを、
顔全体につけると、ほてりや かゆみが
おさまります。

※顔に使用するまえに、手の甲や腕の内側などで、
アレルギーのテストをかならず行ってください。(監修者)

特別な肌の手入れ

目もと用のクリームは、目のまわりの肌を
なめらかにします。
目の下のしわ、たるみ、くまなどに よく効きます。
朝晩、栄養クリームを使った後に つけましょう。

パックは 栄養をたくさん含んだクリームで 顔をつつみます。
肌が乾燥する冬に 使いましょう。

ナイトクリームは 疲れて かさかさした肌を 元気な柔らかな肌に してくれます。
夜に、栄養クリームのかわりに 使うといいでしょう。

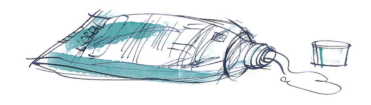

お化粧を する前に

おふろに入り、髪の毛を洗ってから、
あなたが すてきだと思うように お化粧しましょう。
新しい色のお化粧を ためしてみるのも いいでしょう。

あなたの大すきな音楽を ききながら、
お化粧することを おすすめします。

おふろ

不安や悲しみを 感じたときには
暖かいシャワーや 泡だたせたおふろに 長く入りましょう。
目を閉じると リラックスできます。
おふろに入った後の あなたの肌は バラ色になり、
よい香りがします。

泡ぶろは 香りのよい泡を出すゼリー状や
液体状のせっけんを 使います。
入浴オイルを入れるのも いいでしょう。

エステサロン

エステサロンへ行くことを
おすすめします。
エステシャンが 肌をきれいにするには
どうしたらよいか、お手本を 見せてくれます。
あなたの肌に合う化粧品も 教えてくれます。

エステサロンで マッサージしてもらうと、とてもリラックスします。

顔のパック

顔色が悪くて 疲れた感じがするときや パーティーへ出かけて行くときは、
顔のパックを しましょう。
パックは あなたの肌を 元気にします。

はじめに、洗顔せっけんで 顔を洗います。
その後、顔全体に パックをひろげます。
でも、口もとや目もとには ぬらないでください。

自分でつくるパック

冷蔵庫に入っている 食べ物を使って
パックが かんたんに できます。

脂っぽい肌用パック

汚れを おとすパックは
ヨーグルト大さじ2杯と
新鮮なキュウリのしぼり汁を
まぜてつくります。

乾燥肌や敏感な肌用パック

大さじ1杯の はちみつと生クリームを
まぜあわせると、肌をしっとりさせるパックが できます。
バナナをつぶして、大さじ1杯の はちみつをまぜても つくれます。

※顔に使用するまえに、手の甲や腕の内側などで、
アレルギーのテストをかならず行ってください。（監修者）

顔全体用のパック

くだものの汁を　まぜあわせましょう。

たとえば、メロンからしぼり出した汁と　つぶしたアボカドやイチゴ、

薄く輪切りにしたキュウリなどを　顔全体につけて　パックします。

パックした後は、すずしくて　さわやかな感じがします。

疲れた目のためのパック

濃い紅茶を　冷蔵庫で冷やしましょう。

よく冷やした紅茶の中に　綿をひたして　軽くしぼります。

湿った綿を　まぶたの上に　のせます。

輪切りにした　2枚のキュウリを　まぶたの上に　はって、目をパックします。

※顔に使用するまえに、手の甲や腕の内側などで、
　アレルギーのテストをかならず行ってください。(監修者)

34

髪の毛を かっこよく

私たちの頭には たくさんの髪の毛が
生えています。
髪の毛は 毎月 何センチか のびます。
毎日 たくさんの髪の毛が ぬけます。
そして、新しい髪の毛が 生えます。

髪の毛のお手入れに 必要なもの

ヘアーブラシ

シャンプー

リンス

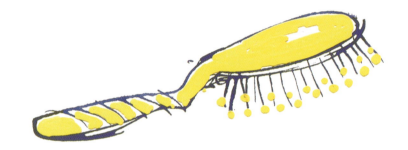

ヘアーブラシ

ブラシの先に 小さなまるいたまが ついている
プラスチック製のブラシを 使います。
頭皮にやさしくて、ブラシと くしの両方に 使えます。
髪の毛をすくったり、ブラシをかけたり、
形を ととのえることが できます。

シャンプー

ふつうの髪の毛や 乾きやすい髪の毛の人は、
マイルドシャンプーを 使いましょう。

リンス

髪の毛を守るために、洗った後に、使います。
くしで とかしたり
形をととのえたり しやすくなります。

髪の毛の洗いかた

髪の毛は 正しく洗いましょう。
正しく洗えば、きれいに しなやかになります。
髪の形を ととのえるのも らくになります。

はじめに、髪の毛を ぬるま湯で ぬらしましょう。
手のひらに 少量のシャンプーを とります。
髪の毛が生えている頭皮に シャンプーをつけて、
指先で マッサージします。

首もとから洗いはじめて、後ろ髪から前髪へと洗うと、
髪の毛全体が よく泡だちます。

その後は、シャンプーが残らないように、泡を 洗いながしましょう。

さいごに、リンスをつけましょう。

柔らかいバスタオルで、髪の毛を軽くたたき ふきましょう。
それから ヘアーブラシで 髪を とかします。
最後に ヘアードライアーで 髪の毛を 乾かします。

あなたが 巻き毛だったり、短くカットしていたら、
そのまま 自然に乾かしたほうが いいでしょう。

髪の毛のお手入れ

脂っぽい髪の毛

さっぱりタイプのシャンプーを
えらびましょう。
すっきりと 軽やかな感じに なるまで、
何度も 髪の毛を洗います。
毎日洗うと、脂っぽさは とれていきます。

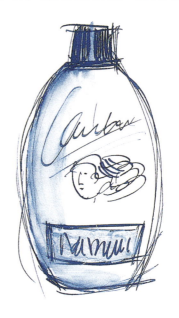

ふけ

髪の毛の根元が乾くと、
根元の細かい皮膚が ぽろぽろとはがれて、ふけに なります。
しっとりタイプの ふけ用のシャンプーを 使いましょう。
それでも、ふけが なくならない人は
皮膚科の医者に 相談したほうが いいでしょう。

いたんでいる髪の毛

毛先が ぱさぱさして いたんでいるときは、
ヘアーパックか ヘアートリートメントをしましょう。
髪の毛に 栄養を与えて、つるつるとした なめらかな髪の毛に なります。
ヘアーパックは 月に一度ぐらい すればいいでしょう。
いたみのひどい人は もっと多くの回数を したほうが いいかもしれません。

ぬけ毛

髪の毛は 毎日 ぬけています。

それでも、はげたりしません。

病気になると、

髪の毛が一度に たくさん ぬけることが あります。

髪の毛が 生えている根元が かたくなってしまって、

たくさん ぬけることも あります。

根元が かたくなったときは 前かがみにすわり、

指先で 髪の毛の根元を マッサージしましょう。

頭が熱くなり、血のめぐりが よくなるまで つづけましょう。

髪の毛を ととのえる整髪料

整髪料は 髪の毛を ととのえたり、
ボリュームを与えてくれる ヘアケア化粧品です。

ムースは どのような髪の毛にも 使えます。
ムースの泡は 柔らかな髪型に よく合います。

ジェルは ゼリー状を しています。
かたい髪の毛に 合います。
髪型を しっかり かためることが できます。
しめっている髪の毛と 乾いた髪の毛の両方に 使えます。

ワックスは クリーム状です。
脂分が多いので、つけると つやつやと ひかります。
短い髪の毛や ぼさぼさの髪の毛に 合います。

ヘアースプレイは 髪型をかためて、長い時間 くずれないようにします。
髪型を しあげる いちばん最後に 使います。

似合う髪型

髪型を えらぶときは、
顔がまるいとか 四角いとかは、
あまり考えなくても いいでしょう。
でも、次の2つのことには
注意が必要です。

1つめ
髪の毛が薄い人は
長くたれさがるような髪型は
やめましょう。

2つめ
顔が長い人は
おでこを かくすような髪型にしましょう。

新しい髪型は あなたを すてきに見せます。

じょうずなヘアーカット

いつも 腕のいい美容師に 髪の毛を
カットして もらいましょう。
じょうずなヘアーカットは、
何ヶ月も きちんと髪型を たもちます。
家でも かんたんに 髪の毛の手入れが できるようになります。

あなたが のぞむような髪型の写真を 雑誌などで 見かけたら、
それを持って 美容師のところへ 行ってみましょう。
あなたに似合うか、美容師に相談すると いいでしょう。

ヘアードライアーのかけ方

美容師は 髪の毛を 下から上の方向に
くしで すくいます。
すくった髪に、ドライヤーの風を ふきつけます。
美容師のようにすると、きれいに ととのえることが できます。

髪の毛を染める

あなたは 自分でかんたんに、
髪の毛を染めることが できます。
染めると、髪の毛に つやがでて
ふさふさした感じに なります。

メッシュ
髪の毛の色が 濃いところと
薄いところが できるように 色をつけます。
6回ほど シャンプーしても 色はおちません。

毛染め
髪の毛全体の色を 染めるには、
根元から毛先まで、毛染め液を ぬっていきます。
くしやブラシを使うと、ぬりやすいです。
あなたの自然な髪の毛に 似た色をえらぶと、きれいに染まります。
シャンプーしても、だいたい2ヶ月ほどは 色がおちません。

金髪に染める

金髪に染めるには、2つの毛染め液を　まぜあわせます。

髪の毛をブリーチすると、とても明るい金髪に　なります。

金髪に染めると、新しい髪の毛が　のびてくるまで

色がおちません。

ヘアーマスカラ

ヘアーマスカラは　マスカラ用のブラシで　髪の毛の一部だけに

色をつけることです。

たくさんの色が　あります。

色をつけたところだけを　めだたせたり、明るくしたりすることが　できます。

ヘアーマスカラは　髪の毛を洗うと、色がおちます。

髪の毛を染める 5つの注意！

1. 毛染め液を使う前に、説明書を よく読んで
   やりかたを たしかめて おきましょう。
   はじめる前に、必要なものを そろえておきます。
   いちばんよい方法は、
   髪の毛を 染めたことがある友だちと
   いっしょに染めることです。

2．古いTシャツを着て、古いタオルを 使います。

3．髪の毛の生えぎわの おでこ、うなじ、こめかみに、
　クリームを 少しぬります。
　クリームをぬると、肌に 色がつきません。

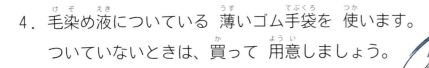

4．毛染め液についている 薄いゴム手袋を 使います。
　ついていないときは、買って 用意しましょう。

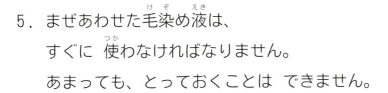

5．まぜあわせた毛染め液は、
　すぐに 使わなければなりません。
　あまっても、とっておくことは できません。

あなたの好きな お化粧を

お化粧は 色を使うあそびです。
お化粧の色が あなたの顔を とても きれいに見せてくれます。
自然で かわいらしいお化粧が いいでしょう。

女性の多くは、お化粧をすることが すきです。
鏡を見ると うれしくなります。
だれかに会うときも、自分の顔に 自信がもてます。

でも、お化粧をしたくない女性も います。
そのような女性は、お化粧をする必要は ありません。
シャワーをあびて 髪の毛が清潔なら、それだけで十分に すてきです。

毎日のお化粧

お化粧を たのしみましょう！
毎日のお化粧は あなたを いきいきさせます。

お化粧に必要なもの

下地クリーム

マスカラ

口紅やリップスティック

茶色のクリームは、
色のついた**下地クリーム**です。
ゼリー状やクリーム状のものが あります。
あなたの肌の色を 自然に明るくする色を えらびましょう。

マスカラは、まつ毛用のブラシで
まつ毛にぬる お化粧です。
あなたの目にあった マスカラの色が
まつ毛を長く、濃く見せます。
茶色や黒茶の 柔らかい色が いいでしょう。

口紅やリップスティックは、あなたの唇に
色をつけて、つやをだします。
あなたの顔全体を かがやかせます。

特別な日のお化粧

特別に 美しくお化粧したいときは、長く時間が かかります。

お化粧する前に、肌を きれいにしておきます。

はじめに、乳液をつけましょう。

特別な日のお化粧に 必要なもの

下地クリーム　　　　　　チーク　　　　　　　　口紅やリップクリーム

ファンデーション　　　　リップペンシル

アイシャドウ　　　　　　マスカラ

下地クリームをぬった後に、**ファンデーション**をつけます。

ファンデーションは 液状やクリーム状、

パウダー状のものが あります。

どれも、肌をなめらかに きれいに

見せます。

顔全体を 同じ濃さで ぬりやすいほうを 使いましょう。

あなたの顔の肌に 似ている色が いいでしょう。

アイシャドウは いくつかの違った色が
パレットに入っています。
まぶた全体に 明るさとツヤを与える色、
目もとを引きしめる濃い色、
薄いベージュ色などが あります。

チークは ほお骨の いちばん高いところに
色をつけるパウダーです。
チーク用のブラシを 使います。
ピンクやオレンジのものが あります。

リップペンシルは 唇をふちどり、
唇の形を はっきりさせます。
ペンシルで描いた線は、口紅が唇から はみだすことを
ふせぎます。

お化粧で 気をつけること

よく考えながら、色をつけたり 線をひいたりしましょう。
自分の思いどおりに なっているかを 見て たしかめましょう。
しあげたときに、あなたが お化粧に満足できることが、だいじです。

お化粧は 明るいところで したほうが いいでしょう。

しあがりが よくわかります。

きれいにお化粧するためには、あなたの顔の色に合う色を
薄くのばして つけましょう。
顔のどこかに 色のとても濃い部分が あったり、
線が見えていたり しないように 気をつけましょう。
自然な顔の色に 見えるように お化粧します。

お化粧のしかた

1. はじめに、乳液をつけます。

    次に、下地クリームを 顔全体につけます。

    ファンデーションは 顔全体と顎から首まで、薄くのばして ぬります。

    濃さに むらがないように、見て たしかめながら ぬりましょう。

2. アイシャドウは まぶた全体に 明るい影をつけるように 薄くぬりましょう。

    まぶたのくぼみから まゆげの近くにむけて、明るい色、濃い色、薄い色を合わせて ぬります。

    アイシャドウ用のブラシを使えば、きれいにできます。

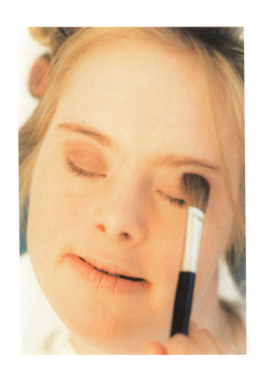

3. まつ毛用ブラシで まつ毛を
内側から先端まで 巻きあげましょう。
下の方から外側へむかって ぬりはじめ、
次に、同じように上の方を ぬっていきます。
目のはしにあるまつ毛も ぬり忘れないように
しましょう。
マスカラで、あなたの目が 大きく見えます。

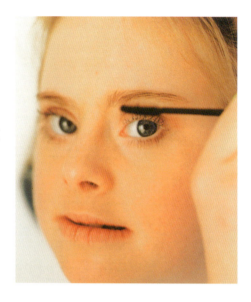

4. ほほ骨の いちばん高いところから
こめかみにむかって ブラシでチークを
つけましょう。
目や鼻の近くは つけないように
してください。
チークをつけると、
顔が明るく 元気に見えます。

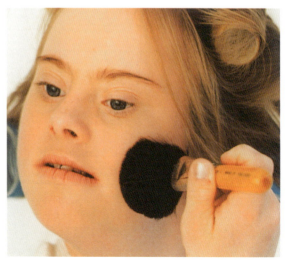

5. 口紅をつける前か後に、
　 リップペンシルで 唇のふちに
　 線をひきます。
　 ペンシルの色は あなたが使う
　 口紅やリップスティックと 同じ色か、
　 少し濃いものが いいでしょう。

6. 口紅やリップスティックで
　 唇のふちを ぬるときは、
　 はみ出さないように
　 気をつけて ぬりましょう。

きれいに お化粧するためのヒント

目もとのお化粧をするときは、まぶたを 乾かしましょう。

ぬれていると、お化粧の色が おちてしまいます。

下地クリームをぬった後に、まぶたの上に フェイスパウダーを 少しつけます。

しあげに 顔全体に フェイスパウダーをつけると、お化粧は ながもちします。

こまかな粉の 色がついていない さらさらしたものが いいでしょう。

ブラシで つけてください。

小さなニキビや シミがある人は、カバークリームで かくすことができます。

肌の色をしたカバークリームを 指でぬった後で、

顔全体に フアンデーションを つけましょう。

アイライナーは 液体入りのキャップに入った 細い絵筆やペンで、
まつ毛の生えぎわに 線をひく化粧品です。
目の形が くっきり大きく見えます。
まゆ毛は 小さなまゆ毛用ブラシで、のびている方向に ブラシをします。

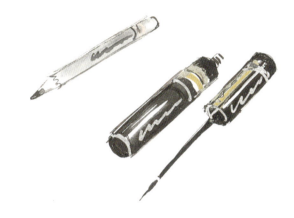

ほんの少しだけ クリームをつけると いいでしょう。
もし、あなたが もっと まゆ毛を めだたせたいなら、
ベージュや灰色の まゆ毛用のペンで 線をひきます。
ハサミや かみそりで まゆ毛をカットして、
形をととのえます。

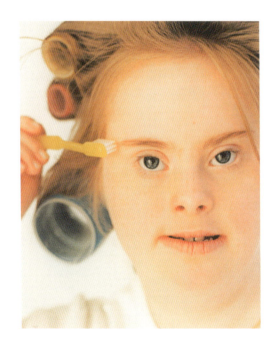

似合う色

口紅、まゆずみ、リップスティックは、あなたのすきな色を えらびましょう。
濃くて はでな色は、あなたが お化粧したことを はっきり見せます。
あわくて柔らかい感じの色は、自然に見せます。
薄い色は、顔に やさしさと柔らかさを だします。

液体状のファンデーションは、顔の肌が なめらかでない人でも
肌を きれいに見せます。
クリーム状やパウダー状のものは、
肌が なめらかな人を さらに きれいに見せます。

魔法のようなフェイスパウダー

フェイスパウダーは、
透明感のあるものを えらびましょう。

フェイスパウダーを つけたブラシで
顔全体を 軽くこすります。
まぶたやリップクリームを つけた口の上に 少しだけ
パウダーをつけると、きれいに自然に しあがります。

あなたの顔が 広く大きかったら、顔の外側に
フェイスパウダーのブラシを かけましょう。
パウダーが 顔を 細く見せてくれます。

あなたの顔が 長かったら、
あごの下に 少しだけ つけましょう。
顔が 短く見えます。

少し練習すれば、あなたは フェイスパウダーを
じょうずに使うことが できるようになるでしょう。
すばやく お化粧したいなら、
フェイスパウダーだけでも 十分です。

お化粧をたのしむ

あなたは ときどき お化粧をたのしみ、
お化粧を めだたせたいと思うときが あるでしょう。
そのようなときは、あなたのすきなように お化粧をしましょう。
ほかの人から どう見えるかなどは 気にしなくて いいのです。
あざやかなピンク色のヘアーマスカラ、きらめく金色のパウダーや、
銀色にかがやくマニキュアなどを たくさん使いましょう。

友だちと いっしょにお化粧しましょう！
お化粧がすきな友だちを つくりましょう。
わくわくするような化粧品を いっしょに買えるかもしれません。
友だちと いっしょにお化粧すると、2、3日間で、じょうずになるでしょう。

手を きれいに

手は 夏の太陽の強い光に焼け、冬の寒さで 冷たくなります。
毎日 熱いお湯や洗剤に ふれています。
皮膚は はじめに 手や目のまわりから 年を とっていきます。

手洗いや そうじの後に、ハンドクリームを つけましょう。
質のよいハンドクリームは 皮膚を柔らかくし、
やさしく手を守ります。

あなたが 土や塗料、化学薬品を使うときは、
手袋を はめましょう。

手をきれいにするために 必要なもの

ハンドクリーム
つめ用のオイル
つめ用のやすり
つやをだすための やすりやスポンジ
ネイルラッカーをおとす アセトンが入っていない 除光液
ネイルラッカーとは つめに色をつける 染料です。

かんたんにできる つめのお手入れ

はじめに、古いネイルラッカーに、
除光液をぬります。

左のつめ先のネイルラッカーを
右指でおとします。

手をかえて 同じことをします。

つめ用のやすりで、指先に そうように
つめを こすります。

つやだし用のやすりや スポンジを
使って つめを みがきます。

寝る前に、週に何度かは、つめや根元を マッサージして、
オイルを 2滴ほどつけましょう。
そうすれば、つめを いつも美しく しておくことが できます。

つめを まもる方法

あなたのつめが でこぼこしていたり、
われやすかったら、つめ用のオイルや
ハンドクリームを つけましょう。
つめのつけ根が 裂けたり荒れたりしても、
けっして 切ったり引きぬいたり、
かんだりしては いけません。
指とオイルを使って つめの根元の皮を
マッサージします。

つめや手が 荒れやすい人は、
いつも 使いすての手袋をはめて まもりましょう。

つめの つやだしスポンジの作り方

スポンジのようなゴムを 何枚も
ぐるぐると かたく まきつけます。
柔らかい皮で包んで、両方のはしを
短い毛糸で むすびます。

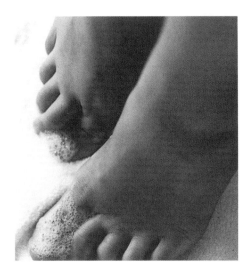
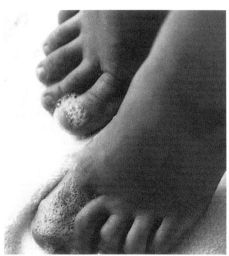
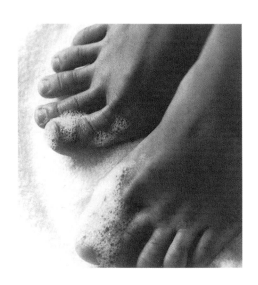

足を 健康に

私たちの足の裏の皮膚は、厚くて敏感です。

足の裏の水ぶくれや くつずれに 気をつけましょう。

あなたの足が 健康であるために、

いろいろなことをする必要は、ありません。

週に 15 分ほど、足の手入れをするだけで いいのです。

足のお手入れに 必要なもの

大きなボール
足用のやすり
足用の入浴剤
つめ用ブラシ
足用つめきり
足用クリーム

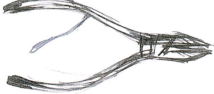

かんたんにできる 足のお手入れ

足の裏の かたくなった皮膚を
足用のやすりで こすります。
シリコンか 石炭製のやすりが いいでしょう。

足が入る大きさのボールに
お湯と足用の入浴剤を 入れます。
手や足の指を のばして、
ゆったりと すわりましょう。

水から足を出して
よくふきます。
足の指の間も 忘れないように
ふいてください。

足用のつめ切りで
のびたつめを 切ります。

足用のクリームで 足全体を マッサージします。
いたいと感じるぐらいに、
強く もみましょう。
あなたが 悲しいときや
緊張したときに
足をマッサージすると、
リラックスできます。

足のつめのマニキュアは、いちばん最後に ぬりましょう。

くつや くつした

足(あし)の状態(じょうたい)が よければ、
からだ全体(ぜんたい)も調子(ちょうし)が よいです。

ときどき、はだしで 歩(ある)いてみましょう。
少(すこ)しでも 足(あし)が冷(つめ)たいと感(かん)じたら、
すぐに 厚(あつ)い綿(めん)や ウールのくつしたを
はきましょう。

くつは あなたの足(あし)に合(あ)ったものを
注意(ちゅうい)して えらんでください。
家(いえ)へ帰(かえ)ったら、くつをぬいで
足(あし)を リラックスさせましょう。

からだによい 運動と食べもの

からだを 動かしましょう。
運動は あなたを元気にします。
動きが はやく、強くなります。
風邪などの病気に かかりにくくなります。

運動は 集中力を増したり、リラックスさせてくれます。
毎日 気持ちよく 運動していると、やめることが できなくなります。

運動する

エレベーターに乗らないで、階段を歩いて
あがりましょう。
行きたい場所の ひとつ手前の バスの停留所で
おりて、歩きましょう。
そうじをしたり、ベッドを ととのえるときには、
大きく からだを動かすように してください。

何かが ほしいと思ったときには、すぐに 取りにいくようにしましょう。
1日の少しずつの動きが、1週間たつと とても多くの運動に なります。

動くのが めんどうに感じるときは、
一度に たくさんのことを しようと思わないことです。
無理をすると、動きたい気持ちを なくしてしまいます。

運動する時間

1日に5分間だけ 運動することからはじめ、少しずつ時間を のばしていきます。
あなたのすきな運動を すればいいのです。
どのような運動でも かまいません。
からだを動かすことが だいじなのです。

運動は 毎日してもいいし、週に何回かでも いいのです。
健康によいのは、あいだを あけないで つづけることです。
汗をかくような激しい運動を ときどき するよりも、
激しくない運動を つづけるほうが からだによいです。

からだの力

からだに力を入れて 運動しましょう。
あなたが泳ぐときは、大きく
腕や足を 動かしましょう。
自転車に乗るときは からだ全体を使って
力強く ペダルを踏みましょう。

ダンスをしたり、ボールを使うときは、
からだ全体を 動かします。
散歩のときは、腕をふり
できるだけ大またで はやく歩きます。
おしりに ゆれが感じられるように、
一歩づつ しっかりと 足を踏みだしましょう。

体重を気にしすぎない

体重を減らしたいなら、運動が いちばんよい方法です。
少しの運動でも、緊張感をやわらげ、からだの脂肪を 減らしてくれます。

でも、体重を あまり気にしすぎないでください。

あなたが がっしりした からだつきであるならば、
ふつうの人より 体重が多くても、問題では ありません。
大切なことは、あなたが 元気に毎日を すごすことです。

食べもの

必要な栄養を とるためには、すききらいを しないようにしましょう。
毎日、きまった時間に 食事をしてください。
だいじなことは、あなたが 食事をぬかずに、きちんと食べることです。

健康によい食べもの

朝食、昼食、夕食、間食に なにを食べているのか、書いてみましょう。
書いたリストを見ながら、からだによい食べものと
よくない食べものを わけてみましょう。
食べものの栄養に くわしい人に きいてみるのも いいでしょう。
からだによくて もっと栄養がある食べものに、
かえることが できますか？

あなたが 白くて柔らかいパンを 食べているのなら、
茶色っぽい全粉粒のパンを 食べてみませんか？

あなたが 脂肪分の多い 濃い牛乳を 飲んでいるのなら、
脂肪分の少ない 薄い牛乳を 飲んでみませんか？

ジュースよりも、オレンジやグレープなどの くだものは、
からだによい繊維分を 与えてくれます。

1週間のうちに どのくらい肉を
食べていますか？
肉のかわりに、魚や貝やエビ、
とり肉や野菜を 食べましょう。

あなたが らくに やめることができる
食べものだけを かえてみましょう。

からだによい食べもの

肉や牛乳や卵を 少なくし、
果物や魚を 食べましょう。
そうすれば、脂肪を減らし、
からだによい 炭水化物とたんぱく質、
ビタミンやミネラルを とることができます。
パンにつけるバター、食事に使う塩、
紅茶やコーヒーに入れる砂糖は、
少しだけにしましょう。

水

水を たくさん飲むことは、とても だいじなことです。
大きいコップで、1日8杯 飲みましょう。
水は あなたの肌を きれいにしてくれます。

まるまる太っている人

あなたが 少しだけ太っているなら、やせたいと思わず、
そのままの自分を すきでいましょう。
ぽっちゃりとした からだつきは、柔らかさと 女性らしい感じを 与えます。

もし、やせたいと思っているなら、それは あなただけが 自分は太っていると
思っているのです。
あなたの体重を ほかの人の体重と くらべないようにしましょう。
ひとりひとり からだつきは ちがいます。

あなたが まるまると太っていて、たくさんの体重を 減らしたいなら、
大すきな おかしを やめましょう。

もっとはやく 体重を減らしたいなら、たくさんの
脂肪分や糖分の入った 食べものすべてを、
からだによいものに かえて食べましょう。
たとえば、低脂肪のヨーグルトや
脂肪分の少ない牛乳を 飲むようにしましょう。

あなたが 買っている食べものには、栄養分をしめすカロリーが 書かれています。
体重を減らしたいなら、カロリーの低い食べものを 食べるようにしましょう。

すきな食べもの

誰かが たずねてきたからといって、すぐに おかしを食べることは やめましょう。

あなたが すきな野菜を おなかいっぱい 食べましょう。

からだによいから というだけで 野菜を食べていると、

すぐに あきてしまいます。

体重を減らしたいときでも、
すきな食べものを
全部やめる必要は ありません。
全部やめると、ゆううつになり、
やせたい気持ちを うしなってしまいます。
甘いものが ほしくなったら、
くだものの味がするガムを、食べましょう。

パーティーに行くときは、
体重のことは 忘れましょう。
でも、おなかいっぱい 食べることは やめましょう。
あなたが おいしいと思うものを
たのしんで 食べてください。

太陽の光

太陽の光の明るさがないと、私たちは 疲れやすく 悲しくなります。

しかし、日光を あびすぎると 日焼けします。

肌は 火のように赤くなり、皮が むけてしまいます。

子どものころから、何度も 日焼けしていると、

おとなになってから 重い皮膚病になることも あります。

日焼けどめクリーム

肌をまもる効果の強い 日焼けどめクリームや ローションをつけると、

長い時間 太陽の光の下にいても、肌はだいじょうぶです。

日焼けどめには、顔にぬるクリームと 腕や足などの からだにぬるクリームが あります。

ＳＰＦは 日焼けどめ効果の強さを あらわします。

ＳＰＦ 30-50 は、強い日光を 長い間あびるときに 使います。

ＳＰＦ 10-20 は、１年中を通して、ふだんの生活をするときに 使います。

長い時間 太陽の光に あたるときは、日焼けどめクリームを 何度か 重ねてぬります。

94

強い太陽の下

強い太陽の光に あたっている間は、
いつも 動きまわりましょう。
そうすれば、からだ全体が 小麦色に焼けます。
おしゃべりしながら、すわったままで いないように
気をつけてください。
じっと寝ころがったままで、からだを焼くことも
やめましょう。

髪の毛は 太陽の光によって乾燥し、固くちぢれます。
帽子をかぶって、髪の毛を 日光から守りましょう。

太陽の下にいる間は、水をたくさん
飲むようにしてください。

サンオイル

肌を 日焼けした小麦色に したい人は、
サンオイルをぬりましょう。

あなたの スケジュール

あなたには、しなければならない たくさんのことが あります。
あなたが 毎日を たのしくすごすために、
何を いつするのかを、前もって きめておきましょう。
スケジュールを きめておくと、だいじなことを 忘れなくなります。

スケジュールを きめるなんて、
つまらないことだと 思っているかもしれません。
でも、まず ためしてみましょう。

朝
あさ

1日は 朝食を食べることから はじまります。
にち　ちょうしょく　た
朝食の後に、ゆっくり時間をかけて
ちょうしょく あと　　　　　　じかん
トイレに行きましょう。
い
便秘を しなくなります。
べんぴ

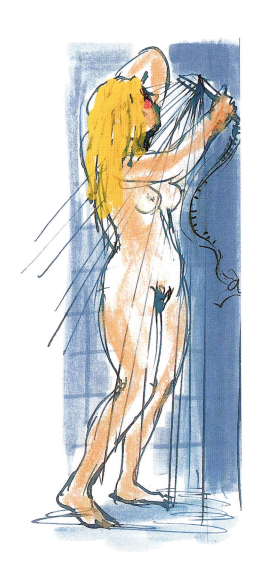

トイレの後で、シャワーをあびて 歯をみがきます。
歯の間を きれいにする歯間ブラシや
デンタルフロスを使うことを おすすめします。
歯が悪いと、あなたの表情も 悪くなります。
治療するために たいへん高いお金を
払わなければなりません。

昼

毎日 外で運動しましょう。
きれいな空気を 吸いましょう。
15分ほど 散歩や 自転車に乗るだけでも
いいのです。

毎日たのしんで 運動することが 大切です。
たのしいと、つづけて運動したくなります。

きまった時間に 食べましょう。
一口ずつよく噛んで あじわいながら、
ゆっくり時間をかけて 食べましょう。
水を たくさん飲むことも だいじです。

夜

夜は あすの準備をしましょう。
汚れた服をぬいで、
下着を 洗ってしまいます。
あすに着る服を きめておきます。

そうしておけば、あすの朝に
ゆとりが できます。
あなたが家にいて テレビを見ながら
リラックスしたいなら、テレビをつける前に
お化粧をおとし、
シャワーを あびるようにしましょう。

1週間

1週間に何回か　することのスケジュールを　たてておきましょう。
髪の毛が長い人は、1週間のうちに、
髪の毛を洗う　回数と曜日を　きめておきましょう。
あなたが　運動をする　回数と曜日と時間を

きめておくのも　いいでしょう。

1か月

あなたが生理のときは、からだを清潔にするように、とくに注意してください。

はやめに　ナプキンやタンポンをかえて、気持ちよくしましょう。

自分のスケジュールをたてて　生活しましょう。

そうすれば、からだを清潔にして　健康にくらせます。

また、時間に　ゆとりをもって　すごせます。

文・監修者あとがき

　この本は、スウェーデンの LL 協会 * が出版した LL ブックです。

　LL とは、スウェーデン語の Lättläst を簡単にあらわしたことばです。日本語で「やさしく読める」といういみです。知的障害や自閉症、読み書き障害など、また、いままで住んでいた国とことばがちがう国へうつり住んだなどの理由で、一般の本を読んで理解しにくい人たちが、読書を楽しみ必要な情報を得ることができるように、わかりやすく作られた本です。

　わかりやすいといっても、子どもむけの本ではありません。本を読む人の年齢に合う内容が、その年齢にふさわしいことばづかいで書かれている本です。たとえば、２０歳の読者には、若者たちに興味のある内容が、若者たちに合うことばづかいで、わかりやすく書かれています。

　むずかしいことばを使わずに、短く読みやすい文章でつづられています。また、文字が読めない人も楽しめるように、絵や写真やピクトグラムが、多く使われています。

　『美しくなりたい　あなたへ』は、すべての女性にむけて、美しく健康になる方法を、すてきな絵と写真を使って、ていねいにつたえます。お化粧する女性をえがいたあざやかなピンク色の表紙を見ると、障害のある人もない人も、思わず手にとってみたくなるでしょう。

　今にも動き出しそうな表情ゆたかな女性や、洗髪、整髪、洗顔、お化粧などの道具をえがいた絵、美しいダウン症などの女性の写真のすべてが、とてもきれいな色でおしゃれに表現されています。そして、どうすれば美しくなれるのか、健康に元気にくらせるのか、その手順やヒントを、

104

わかりやすく、くわしく教えています。

「美しくなりましょう」「お化粧をしましょう」「運動しましょう」というよびかけは、「あなた自身を大切にしましょう」というメッセージです。LL ブックの読者が、自分らしく自信をもって、元気に前をむいて生きることを応援しています。

※ LL 協会は、2015 年に閉会し、業務は MTM（Myndigheten för tillgängliga medier：アクセシブルなメディア機関）に引きつがれています。

藤澤 和子

著者紹介＊バーバラ・エナンデル

1944年スウェーデン生まれ。ジャーナリストで作家。北欧のヘアーバンドの会社経営者としてファッション界でも有名である。「美と健康とライフスタイル」をテーマとして活動している。はじめての著書『10代の女性ためのビューティブック』(1986)は、北欧とヨーロッパで130,000部完売する。他には小説『Wasp Kisses』(ハチのキス)(2013)などがある。

文・監修者紹介＊ふじさわ・かずこ

大和大学保健医療学部総合リハビリテーション学科教授、博士(教育学)。専門は、言語・コミュニケーション障害学。LLブックや視覚シンボルなどによる障害特性に応じたわかりやすい・伝えやすい支援方法を研究している。著書に、『視覚シンボルによるコミュニケーション支援に関する研究』(風間書房)、『LLブックを届ける』(読書工房)、LLブックに、『リーサのたのしい一日』『山頂にむかって』(翻訳、愛育社)、『わたしのかぞく』『はつ恋』(樹村房)などがある。

訳者紹介＊てらお・さぶろう

スウェーデン在住約50年。
ウプサラ市公認の通訳、観光ガイドとして活躍し、LL協会のブロール・トロンバッケ氏(元理事長)の来日講演の通訳を務めた。LLブック『リーサのたのしい一日』『山頂にむかって』(翻訳、愛育社)がある。

LLブック

美しくなりたい　あなたへ

発行日―――２０１７年１１月１日[初版第一刷]

作―――――バーバラ・エナンデル
文・監修―――藤澤　和子
訳―――――寺尾　三郎
発行者―――並木　則康
発行所―――社会福祉法人　埼玉福祉会
　　　　　　〒352-0023　埼玉県新座市堀ノ内3-7-31
電　話―――048-481-2188
印刷・製本―――恵友印刷株式会社

乱丁、落丁はお取り替えいたします
© 2017 Kazuko Fujisawa, Printed in Japan
ISBN978-4-86596-210-9　C5059